EL DIABLO VUELVE A CASA

TRÁNSITO DE FUEGO

Colección de poesía

Poetry Collection

FIRE'S JOURNEY

Randall Roque

EL DIABLO VUELVE A CASA

Nueva York Poetry Press®

Nueva York Poetry Press LLC
128 Madison Avenue, Oficina 2RN
New York, NY 10016, USA
Teléfono: +1(929)354-7778
nuevayork.poetrypress@gmail.com
www.nuevayorkpoetrypress.com

El diablo vuelve a casa
© 2020 Randall Roque

ISBN-13: 978-1-950474-67-7

© Contraportada:

© Colección Tránsito de fuego vol. 9
Poesía centroamericana y mexicana
(Homenaje a Eunice Odio)

© Concepto de colección y edición:
Marisa Russo

© Diseño de colección y cubierta:
William Velásquez Vásquez

© Diagramación:
Luis Rodríguez Romero

© Fotografía de autor:
Luis Rodríguez Romero

© Fotografía de portada:
Mariana Hernández

Roque, Randall
El diablo vuelve a casa. 1ra edi-- New York: Nueva York Poetry Press, 2020. 108p. 5.25" x 8".

1. Poesía costarricense. 2. Poesía centroamericana. 3. Literatura latinoamericana.

Arderás con el mundo o sin él

De algún modo perdí el juego y era quien cortaba las cartas. Se supone, no sucedería. He bebido y llorado sobre ese paño verde tanto como Jesús en el Monte de los Olivos y tampoco apartaron el cáliz de tu Martini derramado en botellas sobre tus caderas.

¿Apostaste en mi contra? Si es así, te felicito, serás afortunada lo que resta del juego. Conservarás la santa castidad de las cantinas. Podrás pulir con tus piernas los azules tubos de Clubes nocturnos en Orange de California, lleno de taxistas y locos ejecutivos, atrapada entre las luces ambarinas y líneas de coca en billetes tan verdes como el fuego de varylio del whisky.

¿Cumpliste el sueño de tu padre en la primera portada de *Playboy*?

Complaceme ahora con tu acto *Burlesque*; los ángeles perdieron sus alas por mirarte a través de los vitrales de abandonadas iglesias. Ambos sabemos bien: La horda del fuego no arde en estos maderos.

Te he amado en un cuerpo rocoso, un caldero de huesos más blanco que tu encaje.

¿De qué fuego estás hecha Dita Von Teese?

Es hora de demostrarlo.

TUMBA

Cuando uno pierde a un hijo, tu cuerpo se vuelve una tumba. Cuando te violan y abortás, tu cuerpo siempre será una tumba. Y si no lo hacés. No abortás. Solo das ese niño a otro, qué sé yo, solo te deshacés del bastardo, del hijo de puta con sonrisa de violador, las estrías, los cambios en tu cuerpo, te recuerdan que también sos una tumba. Vas a sentirlo moviéndose, con asco. El violador te está tocando desde dentro. Y es una bendición. ¡Vaya modo de culparte! Nadie se deshace de una bendición a menos de que maldiga a otro o a sí misma. Uno siempre es un féretro bajo el lodo de las ciudades, después de perder a un hijo, también después de tenerlo. Hay que raspar el hollín para calar los huesos. Ahí está la claridad. Lo único puro que te queda. Andás oliendo a muerto. Fría como un caldo de hierro sobre una maqueta forense. Y todos los hombres opinan lo mejor para vos. Lo correcto. Lo legal. Lo lógico. Lo beato. Lo justo para ambos. Al final la tumba sos vos. Y nadie visita a los muertos.

EL DIABLO VUELVE A CASA

Billy Sáenz Paterson

El diablo vuelve a casa, manso como una cabra sobre granito o un gran danés azul que lame tus mejillas para alcanzar los huesos que quedan dentro.

Esta vez no es un juego. Van dos férreos apostadores contra la muerte que pierden la mesa con la carta equivocada. Masticaban tabaco y escupían. Eran rudos. También han reculiao al verla asomarse.

Solo escucho: El diablo vuelve a casa. Es la voz de Luther Allison y su guitarra Gibson Les Paul de Chicago Blues.

Go home.

Una suerte que no sea noche de apuestas.
Habría perdido mi diente de oro y lo lamentaría.

Allison está enterrado en el Cementerio Washington Memory Gardens en Homewood, Illinois. Billy, en el Cementerio General de San José. Hay nichos blancos, algunos de mármol donde quizá caben dos carneros.

Bajaron la caja de madera oscura y apenas cabían sus pies. Se cuentan historias enteras sobre sus zapatos.

El diablo vuelve a casa: Billy Sáenz Paterson.

Dan la lucha por meterlo hasta el fondo. Voltearon la tapa para que hiciera espacio. Es el mismo nicho oscuro de su padre y no quiere que sus huesos se sacudan con los suyos.

Último round perdido.

"Para que quepan en el hoyo, la otra vez tuvieron que sacar al muerto y colocarlo sobre la caja", me dijo al oído el sepulturero.

No quiero escuchar más.

Solo escucho: El diablo vuelve a casa.

Go home.
Go home.
Go home.

HELENA

La hermosa Helena con vestido negro no estaba en el Caballo de Troya. Era visible, eso sí, al otro lado de la frontera. Todos aman su pétrea luz oscura, su fuego, la capacidad de mover industrias e idearon un modo de salvarla a su favor, arrebatarla de las manos de la gente.

He aquí la ayuda humanitaria: Los ahogaron con sanciones, los privaron de alimentos y medicinas, acudieron a sus puertas con migajas como honestos industriales; imposibles de rechazo.

Así invadieron Troya: Con el hambre inducida por sus manos. Con la sangre de troyanos en la frente.

Que los medios no te convenzan
de amar al agresor, a los violentos.

Que el hambre la trajeron los Aqueos.
Que la sangre la trajeron los Aqueos.
Que aman su vestido de pétrea luz oscura
y sólo la quieren desnuda para usarla.

Que si acaso te convencen, solo digan:
Helena es libre, no es de nadie.
Y así; hasta el cansancio.

LLOVER COMO ANTÍLOPES

La lluvia pasa sobre el techo metálico, antílopes van deprisa y se detienen, luego retoman la huida, igual que el mar, cuando lanza su dolor lleno de espuma contra las costas del náufrago, para seguir así toda la noche, con las fauces abiertas en tormentas, dispuestas de barcos por hundirse. Asoma de los mares esa mujer, parece un espíritu, un demonio, ese ángel errante que contienen las botellas, atormenta a los bebedores heridos y se forma con el último fuego de las brasas. Leemos periódicos, escuchamos a Miles Davis: canciones que nos devuelvan al mundo. Hemos depuesto las afrentas, una vez más, acordamos no jodernos la mañana, y, de ser posible, el resto de la tarde. Dejamos de sentirnos ajenos a la comuna de los desastres. Estamos solos con el pecho expuesto para el amor de un cuchillo, un rayo, una bala perdida en la cabeza. Continuamos así, abrazados, entre los mitos del mar y la tierra, a la espera de que algo pase y no, como es costumbre, nada pasa.

ARDERÁS CON EL MUNDO O SIN ÉL

Tampoco es cierto que los poetas duermen durante el día y son murciélagos blancos en la noche, lamedores del polen o el dulce de las frutas caídas en las alcantarillas de los mercados. Los he visto, eso sí, pálidos y errantes, con ojeras de cenizas de cigarros. Hablan con prostitutas, tranquilamente, y, también quieren echarlos de sus esquinas para que no ahuyenten a los clientes con paga. Fuman, beben, fornican como cualquiera. No son la gran maravilla. Van a sus trabajos para comer, pagar deudas, cosas de esas. Hablan solos y avergüenzan a sus madres, los ven dementes y alcohólicos. Aturdidos en la insoportable vida real e imaginaria. Son un desastre. Unos inadaptados, dementes, sucios, borrachos y otros, hacen lo posible por verse aceptables. Nadie daría nada para que vivieran. Por Klimt, con sus faldas sucias, su pelo enmarañado, sus ojos oscuros, creo que tampoco. Hasta que tocaba el lienzo y el alma se salía de sus manos. Incluso, un pianista en el bar, recibe sus monedas de cambio. Los poetas no tienen esa suerte. No valen en sus casas menos en la calle. Es una locura. Al verlos viejos hay un respeto, un dolor, una tregua con los malos poetas que dieron su vida por nada y todo. Deberías pensarlo un par de veces y mejor antes de desperdiciar tus días en esto. El mundo es un manicomio, es verdad, los poetas no solo lo hacen arder, arden con el mundo y no se apagan. Te dolerá, aunque digan lo contrario. Puede que no valga la pena. Otros, solo bebemos y tenemos insomnio. No es gran cosa.

LA MUERTE DEL INDIO

Reducido al mínimo sobre el asiento del carro, lo apuñaló veinte veces con un cuchillo de cocina, en las piernas primero, seguida, la mano derecha y la mejilla, hasta donde el filo alcanzó el hueso. "¿Has notado que los puercos pequeños gimen como un niño al degollarlos?" Le dijo, "Así gemirá cuando le rebane el cuello". Clavó el cuchillo, empuñadura de plástico negro, afilado sobre una piedra toda la mañana. Nunca sabrás lo que es asesinar hasta que lo hagás con un cuchillo: Los pulmones suenan como un globo que libera el aire. En las costillas se traba. En la panza de un gordo es más lento y blando. Así se aprende el oficio. Continúo clavando el cuchillo sin dejarle moverse. Aún no moría. "Este es el gemido de los cerdos que te dije" y enseguida deslizó el filo por el cuello, despacio, sin resistencia. Se ahogaba en la sangre. Gemía. Como un lechón para la cena de año nuevo. Salieron del carro. Tranquilos. Limpió el filo sobre el pantalón.

"Esto es asesinar", dijo mientras entregaba el cuchillo aún brillante en sus manos. "Ahora; hacelo conmigo".

OFICIO DE LIBRERA

Tiene el oficio de Librera, es como decir el Capitán de un barco que va contra los arrecifes indestructibles, o aquel vigía que mandan al carajo a velar por las almas a punto de morir.

Pregunté por uno o dos títulos.
Caminé como un perro ansioso,
y nada.

Ofrece los libros con una sonrisa.

¿No te parece triste, tantos libros que no leerá nadie? dije.

¿De verdad creés que nadie los leerá? No hay un sólo libro que alguien no lea. Hay millones de lectores en el mundo.

Tiene esperanza. Eso lo admito.
Y demasiados afectos con los autores.
Y demasiado arraigo con algunos libros.

Ése es el asunto y el problema.

¿Cómo creerle a alguien así?

DEL RUIDO DE LOS GATOS

Esos gatos se tiran sobre el zinc, se revuelcan, aruñan, muerden, ruedan por el techo a deshoras como dos plomizas redes que se hunden en el Atlántico. Aún no terminan, dan maullidos que erizan los vellos de la espalda.

Callan.

Enseguida despiertan. Vuelven a rodar por el techo, se revuelcan, aruñan, muerden, maúllan, enloquecen, furiosos, libres.

Odiás a esos gatos que te hacen goteras, aflojan clavos, rompen láminas de zinc. Esos gatos cínicos y ruidosos. Que cogen a diestro y siniestro. Comen pan delante del pobre y no tienen piedad por la escasez ajena.

¿LO VES AHORA?

Mirá bien al mundo. ¿Lo ves ahora? Hoy, apenas en la mañana, entre un tránsito del demonio, una familia abría las bolsas de basura conforme las apilaban los del municipio para que el camión se las llevara. Un niño encontró galletas y papas viejas. Las olfateó junto a dos zagüates con el pelo ensortijado por el barro, probó un par y continuó satisfecho. También continué rumbo a la oficina. Iba tarde: las presas imposibles, los padres dejando a sus hijos, el camión de la basura lento como un rinoceronte herido. No me detuve. No tenía tiempo. Y todos los demás tampoco. Nadie tiene tiempo. Eso somos: Individuos ingenuos y egoístas que creen en la manoseada democracia, en las clases sociales inalcanzables por uno o dos oportunistas de buen ver que roen el hueso por el lado equivocado.

¿Pensás que alguien arreglará el mundo por nosotros?

Mirá de nuevo por el retrovisor. Llegamos a tiempo a la oficina. Aunque ninguno sabe qué es el tiempo, tenemos claro que no es nuestro. Te sentís vacío. Una miseria humana por no detenerte. De eso se trata.

Ya miraste el mundo.
Ahora,
nunca estarás a salvo.

GUAIDÓ

En Yemen no hay "ayuda humanitaria" porque no requieren invadir ni de elecciones. En Yemen la muerte es un alivio a la necesidad. Los niños tienen la mirada llena de moscas y la boca abierta como un túnel al vacío. En Yemen no está Guaidó.

El príncipe Mohamed Bin Salmán está libre y el periodista Jamal Khashoggi descuartizado. Jamás oirás hablar de Derechos Humanos. En Arabia Saudí no está Guaidó.

Duterte es un demente genocida con más de siete mil muertos. Y la Franja de Gaza es una mancha roja de Palestinos.

No.
Ahí tampoco está Guaidó.

ELLA CANTA A JANIS JOPLIN

Ella canta de una manera loca. Cuando termina, no tiene camerino; va justo al orinal del bar a peinarse para decir que es hermosa al espejo salpicado con dentífrico y jabón líquido. Lo hace, sí. Lo repite, sin creerlo, aunque remarca bien sus labios, su delineador luce justo y bondadoso, la sonrisa sigue en el mismo sitio.

Sabe del maldito amor, tan lleno de ilusiones, sueños, cosas de esas. Siempre tuerce la rama donde hace nido hasta quebrarla para volar a la siguiente. Hay bosques enteros con todas sus ramas rotas por culpa del amor de los ciegos.

Entonces dije lo que supondrán:

"No tengo nada que ofrecerte, excepto romperte el corazón más de lo que otros han hecho".

Y a pesar de lo dicho, me esperó toda la noche con una botella sobre un viejo sofá de resortes.

"I know she told you,
Honey I know she told you that she loved you.
Much more than I did"

Tomanos unas cervezas.

¿Comprendés de lo que hablo?

Insistí.
Varias veces.
No solo una.
Demasiadas.

"Giraré la cuerda de tu corazón hasta que reviente y sea
inútil intentar oírle de nuevo".

Ya sabés.

Todos los pájaros gritan en las jaulas y el hombre es feliz
con su canto roto. Ninguno llora igual ni lo mismo, aunque
compartan el incendio del bosque.

"Come on and cry, cry baby,
cry baby, cry baby,
Oh honey, welcome back home"

Janis Joplin la convence.
Y obedezco.

ALGUIEN DEBE ARRUINAR EL PAISAJE

Puse un disco de Miles Davis, después escuché My Funny Valentine del buen Chet Baker y enrolaron algo de capullito. Se fueron antes de las diez. Después del último enrolado y de barrer como hormigas demoledoras con todas las cervezas.

Rescaté una botella de vodka debajo del colchón y otra oculta entre la almohada.

Mientras bebía recordé con precisión exacta la noche que resbalé y corté mi ceja izquierda. La sangre sobre el rostro como su vestido. Esas cosas no se olvidan fácilmente.

Hace poco intenté estar con otra mujer. Las manos me sudaron. El corazón era un perro furioso contra el esternón. Tuve celos. Miedo. Una idea espantosa de perderla. Y era otra mujer. Sólo que esa mujer me hizo recordar cuánto amé y cuánto escupió mi amor. Cómo arrancó a mordiscos los pedazos de aquel musculo incansable.

Bebí otro trago y celebré con todos.

Fue un alivio verlos perderse entre farolas con esa mujer que podría enamorarme y causar otro desastre en consecuencia.

No supe por qué la consideré un riesgo. Me sentí indefenso ante su cercanía. A estas alturas no deberían ocuparme semejantes cosas. Créanme, lo sé. Veinte o más amores. Tantos zarpazos como fue posible y solo ese me inmoviliza.

Entre todo lo bueno e inoportuno supe por mi carta astral que moriría en octubre y también, compartía natalicio con Alfonsina Storni. Aunque nada de eso sea tan importante como ver deshacerse el hielo. Ya la tormenta estaba dispuesta.

De todo esto, algo es cierto, la muerte no tiene tanta prisa con nosotros. Es como mantener la hierba del mundo.

Alguien tiene que arruinar el paisaje
para apreciarlo cuando no estés.

LO QUE SE DICE DE UN PARAGUAS

Pude verlos bajo el paraguas, en la lluvia que los unía, quizá más de lo que usualmente sucede. La esquina estaba sola y oscura y la conversación parecía amena. Fui, por un segundo, esa lluvia culpable de acercarlos. Ese paraguas, cómplice de la sombra más densa que temblaba junto al mercurio. Y la esquina. Esa tonta y húmeda esquina.

Ellos no.

Realmente imagino lo que pudo suceder.

Cuando pasé deprisa, la miré a los ojos, quise ser muchas cosas menos todo aquello que los unía. Tal vez una noche se lo cuente. Le diga a pie juntillas estos pormenores.

Cómo la celé sin hablarle nunca.
Cómo la olvidé si conocerla tanto.

O termine esta cerveza, duerma toda la noche y me levante hasta que la esquina esté sin lluvia, sin él, con ella.

UN AMANTE ES MEJOR QUE DOS

Se quejaba; lo que escribía ya no eran poemas, no tenían rima, no hablaban de amor ni eran poseídos por adjetivos cada dos o tres párrafos.

¿De qué debería escribir? El amor se quebró. Nadie quiere reparar personas rotas cuando carga con los restos de su vida. ¿Acaso la poesía nos salva de algo?

Tomamos vino y el vino no le caía bien. Se le iba a las piernas y a los besos. Ambos con una vida que, aseguraba, era perfecta: Hijos, dinero, un esposo formal.

Más vino y un motel a 45 minutos.

No.
No era una mujer infeliz,
maltratada, desatendida.
Tampoco era culpa del vino.

Jamás aceptaría, sin cargo de conciencia,
estar enamorada de dos hombres.

Pocas cosas se confunden con las grandes esculturas como dos jeans tirados al suelo, uno sobre el otro, rodeados de otras prendas.

Teníamos claro que no sucedería más y, al bajarse, con esa lluvia espantosa que empañaba el parabrisas junto al calor de los cuerpos aún tibios, corrió hacia el techo seguro del garaje.

Cuarenta kilómetros después,
observé una sombrilla olvidada.

Bien pudo ser una exótica flor azul con vetas negras y puño de madera, aunque era solo una sombrilla húmeda sobre el asiento delantero de un carro.

Nunca llovió
con semejante fuerza.

Nunca fue tan inútil un olvido.

PAJARITO QUE VA DE NUBE

En una cajetilla de fósforos Fragata,
echó la ramita de olivo, seca, curva sobre sí.

En una de cigarros Derby, en un puño,
el pajarito de oro blanco con pecho rojo.

Pajarito que va de nube. Lleno de agua.
No agita viento bajo su alar. Y, la lluvia
es un río de las cunetas y caños de barriada,
con papelillos, hojas de cuaderno,
oscura tierra que ya no piola.

Lo deja ir. Va de nube.

También su madre se fue de nube.
En aguas más limpias de la playa Manzanillo.
Un pie profundo de arena que se comía los peces
la trajo a fondo y no salió más.

Ahí quedó.
Ya no piola.
Ni el pajarito que dejó.

Suelta las cajetillas hacia una dentadura
de hierro de los sucios desagües.

Ojalá el pajarito encienda la ramita.
Camino que va de nube iluminado.
A ella le gustaban los pájaros.

Estarán bien donde haya fuego.

CACHITO DE A.

Cargo, por si las moscas,
un cachito de la foto de A.

Siempre hay un amor que nos causa daño
con la misma intensidad con la que amó.

Con ese cachito de foto me basta
para no regresar al duelo de mi sombra,
a la caravana de mi entierro. Y, también,
varios cachitos de Vanessa, Jessica,
Pauline, Cristina, Marcela, Rocío.

Me falla la desmemoria, cuando no debería.

Es un paredón de rosas puestas de cabeza
para que sequen en un bodegón azulado.

Tantas para sanar un tasajo en el pecho,
grande como el filo de un machete.

Armo así una sombra de luces intensas
y digo cualquier nombre cuando amo.

Me ensucio con su hollín, tizno la boca,
las manos, la cara, la entrepierna y el pecho.

Hago como si no estuviera, y A., queda muda.
Olorosa a libro viejo en compra y venta.

Nos gusta el aroma de las hojas secas
de los libros olvidados en estantes; olfatearlos,
recurrimos a estos y ese, es el peor entuerto.

Digo que es A. Es justo enamorarse
de una sola sombra en vida y muerte.

Ustedes elijan la letra que gusten de su olvido.
Aunque sobre su hollín, calquen otros amores
al presionar cuerpo sobre cuerpo desnudo.

A. Es un fantasma. Un barco fantasma.
Con toda la tripulación y el alto amor
que vigila la marea desde el carajo.

No es un faro, o es un faro apagado
en medio de irracionales tinieblas.

Un cachito no más, imaginate si estuviera
la entera foto de sus rumores en mi vida.

¿PODEMOS VERNOS ESTA NOCHE?

Esta casa es un desastre. Todos discuten. Se manchó la
ropa blanca en la lavadora con una media roja suelta. Me
siento inútil. Quisiera que se callaran por una vez. Discuten
por todo. Quiebran cosas. Cuando llega cayéndose es peor.
No dejan de gritar. Quiero salir del mundo. En la televisión
todos los canales parlotean de Merkel y las reelecciones de
la Derecha. De lo mal que la pasan en Bolivia y Guaidó,
De las calles tomadas y los tuertos chilenos.

Vámonos de aquí.
Tomá el carro y llevame lejos.
Dejá la ropa; esa maldita media.

Hay discusiones distintas cada tarde
Distintos motivos. Las mismas personas.
Una sola botella.

Deberían conseguirse un amante,
así les volvería la sonrisa.

Quiero llorar. No es la ropa ni que todos discutan.
Solo sacame de esta casa antes de que me derrumbe.
He robado el vodka de mis padres:
¿Podemos vernos esta noche?

Sé que no estuve muy bien.
Las cosas que han pasado.
Todos los errores.

Puedo tomar el carro y manejar lejos. A cientos de kilómetros de esta casa. Sé que puedo. No es asunto de independencia.

Estaremos en silencio.

Solo quisiera que estés ahí mientras conduzco
sin un rumbo definido.

Desnudame. Bebamos.
Necesito una excusa mejor
para enloquecer.

Oh, amor, te he esperado tanto
que si manejaras contra un abismo
no importaría nada.

TIPO FLACO CON WHIPALA

Después de hartas matanzas y torturas.
Tanto a diestra como siniestra la mentira.
De mirar a Hugo Chávez Biblia en mano.
A Bolsonaro sumergido en las aguas.
A Jeanine Añez con los cuatro Evangelios
A Maduro con todos sus santos desnudos.

Lo único cierto es que Jesús era un tipo flaco
a punta de pan, peces y vino para fiestas,
que de noche se abrigaría con la Whipala
y masticaría hojas de coca para el frío.

Ya saben,
el tipo era hippie y revolucionario.
Cristo no tuvo la culpa del cristianismo.

GRAFITIS

Camino por la Avenida Central, rumbo al Parque de Santiago Apóstol, a sus ruinas de campana muda y rota.

He leído muchos grafitis sobre muros de iglesias y latas de zinc. En todas las ciudades.

El muro de Berlín se derrumbó ante el insoportable peso de un grafiti: "¡Libres!"

Toda escritura, desde el arte rupestre paleolítico, ha dado consignas de libertad.

"Ni sumisas ni esclavas"
"Saca tu rosario de nuestra vagina"
"Roxana Miranda 2014"
"Jairo Vive"
"Nos faltan los 43"

La poesía social está en las calles.

Harían bien en leerla los políticos.
Y empresarios
Policías y Militares.
Y gente común como nosotros

Algo ha de decir.
Algo de explicar.

Los muros hablan, gritan.

Al pueblo de Chile

Las calles de Chile en Santiago no son ni serán las mismas. 180 tuertos desfilan ahora. Y yo, que estuve sentado en las bancas azules de Bío Bío, a kilómetros donde corren las aguas que dicen no volver, pero regresan, y cuando me callaron por ideologías leí poemas frente a una gaviota de madera en Concepción, donde los pololos se abrazaban con canciones de Jara. Ahí donde estuvo la dictadura después de acabar con el ferrocarril chileno y lo convirtió en sede de asesinos y servidores del gobierno de turno. No los veré ni me verán igual. Piñera, viejo culiao, regresaré a Chile y estará llena de tuertos en sus calles. Y yo, que miré reír y bailar a los mineros muertos de Lota en las escuelas alejadas, nunca imaginé el miedo de su silencio, el costo de hablar y ser oído. Uno no sabrá si levantar la cara de la tierra. ¡Cómo sonreír después de todo esto!, mientras vos, pendejo, te tomás fotos en el patio del Palacio de La Moneda. Los verás llorar en la calle con un ojo y en el otro escurrirá la bandera de Chile, su hierro templado y seco en la mejilla. No son 180, Piñera, son sus padres tuertos, sus hermanos, sus amigos y Latinoamérica entera con un ojo vacío lleno de sangre.

¡Vivir en Chile vale un ojo de la cara!
Chile es un cíclope de fuego por tu culpa.

LO HE INTENTADO UN PAR DE VECES

Ya no lloro. Lo he intentado un par de veces. Contengo el aire como un arma de copas, aprieto los ojos y el agua; nada. Preocupa la contención. La represa inasible.

Llorar te hacía débil, vulnerable al mundo y, ahora, que la gente llora como cualquiera, quedan demasiadas rocas al paso. Una piedra muy pequeña lo sujeta todo. No la quiten; puede que llore días enteros, semanas por demás, como un pulmón perforado por el ala de una ballesta. Tiene un nombre de olvido. Es mejor de ese modo.

Si un aluvión inundara sus terrenos, su casa, destruyera su televisor, su carro, ahogara a su perro, mojara con lodo las camas ¿Lo verías con los mismos ojos?

Hay, sin embargo, un pájaro encerrado que picotea las piedras como un juego y uno nunca sabe; puede tocar la piedra equivocada.

A LA PUTA QUE AMO

Ser puta es un arte con el que se vive. Un arte de ingresos netos y sonantes; como el jugador del buen póker, tiene sus días contados en los casinos. Hablar de putas también es un caos. He conocido muchas que se ofenden si vas perfumando la historia de su vida como si se tratara de una lechuga rancia. En eso son más conscientes y feministas que cualquiera.

Me es indiferente a lo que se dediquen. Cultivo el amor como el zabro entre el trigo. No dejo sino las aspas de su dorado aliento. Donde otros miran las desoladas espigas, yo observo azules estepas fecundadas. El graznido de los cuervos imita al Fénec en los silenciosos desiertos del Sáhara y en su áspera lengua me conforto, si el esfuerzo es lamer las últimas aguas, he bebido hasta las piedras del mar muerto.

Comprendo, sin embargo, sirvo poco a sus últimos y probos fines de redención.

Esto es un negocio, para unas.
Un espanto, para otras.

Salgo a perder en las apuestas. Hay trozos de corazón dispersos por toda la ruleta americana. Ellas lo saben. Sirven un trago. A los perdedores habituales nos tratan bien; casi con dignidad. Nos agradecen que vivamos de los sobros del amor.

Escribir también es un arte.

Menos rentable.

Es obvio.

MUELLES DEL SENA

Esa mujer es húmeda y tibia. Su respiración es calma. Parece dormir al calor de otro cuerpo en lirios de bronce. Es un río que va hacia los mismos lugares; nunca es el mismo río el que regresa. Se humedece con solo acariciar su espalda. Sus jeans no contienen los géiseres ocultos.

Es el Sena.
El puente.
El muelle.

Veo gente caminar por el puente. Asomar a su boca con esa mirada perdida de los acantilados o de las arenas del desierto que aparentan ser llanas y ocultan precipicios invisibles al final de las lomas más suaves.

Tiro piedras al río para ver sus ondas y cómo alcanzan a los peces, los lirios, la vida inanimada que retorna el reflejo.

Los muelles del Sena lucen como el sostén en la espalda de una mujer que se siente río; abrir su broche es liberarle de ataduras para verle correr incontenible, salvaje, que barcas penetren en aluviones desde el puente del Alma hasta el Pont Royal, arrastrando a enamorados contra las piedras, con el placer de su humedad, del dolor salvaje o la calma de un siervo que muere junto al tigre y tiñe de sangre blanca la hiedra.

PESADO SIERVO

Dicen que para amar basta el beso. Por eso cuando una mujer solo quiere sexo de relleno, no te besará ni por atisbo. Te arrastrará como un sinsonte herido por una lanza y colgará tu carne húmeda sobre el respaldar de una cama grande. Ahí, decidirá qué y cómo hacerte sufrir con todo su cuerpo, peor que un tigre que escapa de su jaula en meses o una loba que escupe tigres por la boca. Obedecerás como un siervo lánguido. Peor que un oso *grizzly* sofocado por el peso de sus huesos y carne.

En caso de ver a una mujer así,
preséntamela.

No tengo problema con las cicatrices.

Con esas no.

TOMMY LEE, EL MAL SOÑADOR

Tommy Lee es un mal soñador,
quizá peor soñador que apostador,
y, eso, ya te dice demasiado.

Está convencido de que la noche
es de piedra caliza envuelta en celofán negro.

Raspa con su moneda de la suerte
hasta ver un cuarto menguante
o una luna llena entre la colina.
Pincha con un mondadientes el celofán negro
para ver entrar la luz, porque en el día duerme
peor que una ballena en el Ático
o un oso pardo durante la lluvia.
Bebe mucho, come poco,
esnifa como un caracol el agua.

Dice que esta noche el celofán
es una viuda en un vestido de novia.

No quiere apostar más
pero apostar da un motivo a su vida.
Lo excusa como un buen perdedor.
Han cobrado uno o dos de sus dientes
y no le fían ni en bares clandestinos.

Va de mal en peor.

Está vetado de todos los casinos respetables.
Queda, eso sí,
apostar a los gallos en galerones.

Solo no apuesta en las peleas de perros.

Hay que ser un miserable para apostar
la vida de un amigo que ha soportado
hasta al cínico de Diógenes.

Esta noche se fue
con una puta de piernas largas.

Lo conoce desde hace tiempo.

Ya saben, hay mujeres que,
aunque parezcan no amar, aman,
y atraen la mala suerte
peor que los imanes en un deshuesadero.

Esta noche ambos apuestan a perder.

Es claro.

Y no les importa.

GATOS

La maldad de los gatos nos atrae.
Pueden tirar el jarrón más valioso
y seguir su camino como si nada.

Unas personas rompen a otras,
constantemente,
y continúan como los gatos.

Los gatos rompen jarrones
y tienen siete vidas.

Nosotros, personas,
y tenemos una.

¿Comprendés la diferencia?

SEQUOIA

Una gota de lluvia cayó sobre el río. El río tembló en círculos perfectos hasta alcanzar la costa. Tembló la tierra. Sacudió el tronco de una sequoia. Los pájaros vibraron. Eran muchos para mencionarlos. Su canto fue una onda que tocó el viento. Las nubes vibraron. Una gota de lluvia cayó de la nube vibrante hasta el río. Otra, otra y otra. El río Tembló, la música, los pájaros, el mundo que sólo existe en el reflejo del agua.

ARRIESGARLO TODO

¿Qué importancia tiene la copa rota?

Te invitan a beber; bebé
Te invitan a romperla más; hacelo.

Lo que no se permite es cambiar
la copa rota por una nueva.

Quienes beban en ésta
deben arriesgar los labios,
y, alguna vez, la palabra.

Familiamericana

NO SOS FELIZ

¿Ahora quién te abrazará hasta tarde
cuando otros solos también comprendan
ese hastío tan prolongado de la vida?

¿Buscarás una escopeta?
¿Escribirás tu historia?

A todos les da por creer
que es importante
lo que han sufrido.

Incluso, si estás solo en la barra
no falta el triste
que se acerca a conversar.

En caso de que te vean demasiado sonriente
uno sabe lo que piensan:
No ha de ser buen escritor este tipo.

Si estás en Hollyweed
puede que cambiés de opinión
y la escopeta te parezca un detalle repetido.
Cobain no logró mucho con ello,
no más de lo que había logrado.

Y en caso de que seás un pobre diablo,
tampoco interesará la carga que usés,
con un revólver te darás por satisfecho.
Es evidente,

que no seás feliz,
escribamos o no,
importa un carajo.

Sólo hacénos un favor,
si te vas a matar,
hacélo solo,
no te llevés a otros.
Ellos atenderán tu miseria.
En cuanto a mí,
sólo dejáme tomar tranquilo.

Con eso basta

VÍSPERAS DE NAVIDAD

Los veo felices y no es su culpa.
Todos van con una bolsa o dos,
excepto aquel hombre andrajoso.

Por un instante pensé:

«¡Qué mundo de miseria!»

Y
me
distraje
con la gente al salir
del centro comercial,
hasta que una piedra
rompió el parabrisas
y era aquel despojo,
ese poco de mierda drogada
tirando piedras a los carros.

«¡Sos un grandísimo hijueputa!»
Pensé en bajarme del carro para romperle
el hocico y barrer con su mierda la calle.

Era inútil, estaba drogado, borracho,
no valía la pena. Golpee dos veces
el claxon del Datsun 1500.

El semáforo
en verde

y
ya
no
importaba.

Tal vez su rabia es la necesidad,
el deseo de poseer
aquellas bolsas plásticas.
El aire caliente dentro del carro.
La suéter de lana que llevo puesta.
Todo junto.

Tal vez nuestra miseria
sean esas bolsas plásticas.

Y me alejé de aquel Datsun 1500
Y de la gente
Y de su estúpida Navidad.

EL RUIDO DE LOS RIELES

Te digo que escucho a la noche quejarse como un par de gatos que cogen con gusto al dolor.

Sucede, al ver el humo de fábricas febriles en una nube contra las tinieblas y lejanas lamparillas blancas.

Maúllan,
rasgan,
muerden,
lastiman.

Escucho el tren, rieles estremecidos, un aullido helado; cientos de manos a través de los cajones, se borran en un chirrido de dientes como ratas envenenadas y hambrientas. Esa es la estela humana que pasa rumbo al caldero; ahí en los hornos el frío y el hambre desaparecerán. Apuesto que hubo navidades más felices, judíos más gordos y repuestos, homosexuales, niños más amados.

Esos tiempos volverán.
La historia es cíclica con el olvido.

Después de doce

Después de doce cervezas me gustó cómo bailaba la rubia,
se movía lento, en un blues humeante y sus amigos no eran
buena compañía, mala sombra para una mujer con caderas
sin rienda y pechos del tamaño de tu palma.

Se aburría, era evidente, y uno de esos era desgarbado, ca-
misa de franela, un jeans sucio, oloroso a marihuana, bai-
laba o flotaba, algo hacía solo en el centro de la pista del
bar.

Al rato la rubia salió del orinal más alegre y desahogada,
despidiéndose de sus amigos, luego se despidió por se-
gunda vez, hubo una tercera y cuarta.

La música electrónica, la neblina en los ojos, otra morena
con minifalda y tatuaje de rosa en el tobillo muy de los no-
ventas sujetaba la entrepierna de un tipo alto.

Tenía ganas de golpes duros y sonantes que hicieran rito a
esa larga noche, pero Tapia estaba pacífico, pelando diente,
con su mirada de gato nocturno a un lado de la barra y en
vías de extinción.

La rubia se fue.
Finalmente,
lo suyo era reincidir.

Lo mío; la cerveza.

INSOPORTABLE

Llevé un libro conmigo. Busqué un espacio en la barra y enseguida tenía un vodka al frente. No dije nada. Pensé, eso sí, en aquellos días en los que lloré amargamente cuando se acostaba todos los viernes con algún tipo distinto. Sudaban mis manos, el pecho se agitaba, mientras ella retozaba, la ansiedad era espantosa.

Este machismo de mierda, este falso amor romántico del que escribí libros enteros, me mata.

«El problema es que vos hablás como si el tiempo no pasara», me dijo una mujer sensata que también se cansó de mí.

Por eso llevé un libro;
sin decepciones.

Antes las barras eran el rincón oscuro de los despojados del amor, los olvidables, nos controlaban con otro trago, el cantinero nos tiraba a patadas al primer problema y sin dinero. En eso se parecía al matrimonio.

Leí mientras gritaban gol. Parecía molestarles mi indiferencia patriótica. Fui a orinar; regresé al trago de vodka y al libro.

Les dije que la ansiedad por esa mujer me daba los viernes, pero hoy, es mitad de semana y ando insoportable.

BIENVENIDO AL MUNDO

Una rata gris, gorda, corre por la alcantarilla con un trozo
de pan y las patas sucias. De niño, confundí una rata con
un conejillo de indias, la levanté de la acera y despertó, sacó
sus patas con uñas largas de su peludo cuerpo rojizo y el
lodo de aguas negras, destiló como un mal vino hasta mis
pies.

Así conocí la ciudad y las apariencias.

Luego mi hermana tuvo una coneja, Chachita;
mi hermano la emborrachó hasta enloquecer,
corrió contra un muro y la muerte fue súbita.

La sirvió en salsa roja para la cena
y confesó que era Chachita
hasta que la tragamos con agua.

Así conocí el amor y hambre.

Uno podría entender
situaciones confusas,
pero éstas en particular;
no.

Una rata de alcantarilla
corre de mí y yo de ella.

Esa fue mi relación
con las ciudades desde siempre.

ALGO MÁS

Deben gustarme los animales
y los niños histéricos que corren
por los pasillos del centro comercial
con los dedos mielosos y te abrazan,
también odiar el gluten y adorar,
casi como un maniaco, el brócoli.

Y luego te dicen
que vivirás muchos años.

¡Maldita sea.
Por eso la gente bebe!

VENTANA DE HOTEL

Apenas murmura las palabras
casi como una libre olfatea
una que otra hierba peligrosa,
aún así, la ama,
aunque nunca diga que la ama.

El corazón como una piedra de bronce
con desgaste de muchas otras manos,
le ha dado un brillo innecesario al dolor.

Esa noche, desde la ventana del Hotel
pude verlos caminar muy juntos
por una senda oscura.

Es un hombre tímido.

Por eso, al decir que la ama,
aquello apenas se percibe
como un arrastrar de piedras
sobre aguas fangosas.

Y ella no lo escucha.

O eso imagino.

EL DIABLO SIEMPRE ES EXTRANJERO

El diablo siempre viene
con pies de plomo
y de otras tierras.

A nosotros nos da miedo
que venga del Norte,
a ellos del Sur.

En Oriente de Occidente
y viceversa.

Aquí en el Centro, de a poco,
nos cae la pelusa de todas partes
y hacemos ovillos de lana
para el frío cardinal.

Uno aprende que el diablo
es migrante y extranjero.

Entonces la gente dice:

«Ahí viene el diablo;
te va a llevar el diablo»

El diablo que viene del Norte.
El diablo que viene de Sur.
El diablo que viene de Oriente.
El diablo que viene de Occidente

Todos miramos con miedo
por la rendija de la puerta
hacia la calle donde nace el odio,
y na' que viene,
ni sus cachos ni su rabo.

El diablo estaba en casa
y ni siquiera nos dimos cuenta.

CULPÁ A LA IMAGINACIÓN

La gente no perdona que no seás ése que con tanto ahínco han imaginado. Entonces, bajo y subo de los buses sólo para gastarme la vida, me siento en la banca metálica de las estaciones y cuento a las personas que transitan hacia el centro.

Una que otra mujer sonríe.
Uno que otro hombre también.

Hoy estará abierta La Hormiga Atómica hasta las seis de la tarde. Un travesti sonríe. Solo me gasto la vida, recordá que lo dije. Espero en la banca de la estación a que abran las puertas del bar.

Así la vida. Así no más. Así.

No abrás la puerta

Estaba por morirme, pero llegó Navidad y las luces de los cipreses me marean hasta la migraña. Rojas, verdes, azules. Los amigos te invitan a un vino, un whisky. Es un lujo de mesa. Pavo relleno. Puré de papa. Velas en guirnaldas con lazos dorados.

Tocan la puerta. La casa no es mía.
La mesa con mantel rojo, tampoco.

Un hombre pequeño mira con odio, como el ánima lisa de una Colt 32. Nunca he visto tanto odio. Quizás en hombres que pierden la esperanza o vieron amigos morirse bajo el frío o asesinado a otro por una piedra, alguna cuenta pendiente, cosas de esas.

Recostado sobre el muro con moho.
Odio. No imaginan cuánto.

Detrás de las verjas negras. Los desposeídos se adueñaron de la libertad. Arrebataron lo poco que les dejaron. Los ricos se encerraron en sus casas con alambres de púas sobre paredes, cámaras, rejas en las ventanas, perros con espuma en el hocico, árboles enormes llenos de luces en una ciudad oscura y fría. También tenía baba blanca en la comisura. Su boca desquebrajada. Cortada por el frío.

Es comida lo que quiere. Eso dice.

Sus ojos no son de hambre.
No de un hambre cualquiera.

TODO LO QUE SUCEDE EN UNA NOCHE

Dejá la puerta abierta a los asaltantes y decíles sin miedo: Coman, beban, forniquen, hijos bastardos del mundo. La maldad no existe ni el infierno, aunque locos digan que estuvieron en los pasillos del purgatorio. Una larga habitación oscura con muchas ventanas que hieden a carne seca. Cada pecado distinto, cada aroma insoportable. Todo tan oscuro. Diminutas fogatas. Ojos furiosos en las tinieblas. A nadie interesan esas historias. Dios nos abandonó hace mucho. Este es el abismo. No necesitás morir. Y sólo te preocupa otra cerveza.

TRIGO Y AGUA

Estamos hechos de trigo y agua,
nos enamoramos de las aves
que devoran el grano y nos secan.

El grano crecerá, decimos.

El agua tiene su fuente.

Los pájaros oscuros,
en cambio,
no.

Lo cierto es que estamos hechos de pájaros
donde el trigo y el agua no abundan.

Emigrados de un cuerpo a otro.
De un amor a otro. De una vida a otra.
Como quien renuncia a la bandada.

Nadie percibe la ausencia
de un pájaro de agua caído al mar.

EL LOBO DEL CUENTO

Esos grandes amores que al igual que el lobo soplaron
nuestra vida hasta derribar las barricadas.

Esos otros, grandes mitómanos, que mirándonos más fuertes soplaron y soplaron imparables hasta derribarnos.

Ese último, gran amor, que no pudo derribar nada.

Todos estos amores demenciales, lúdicos, incendiarios,
fueron un ladrillo en la pared, nos mostraron cómo construirnos.

Ahora, queda invitar al lobo,
comérselo en la cama
hasta el último soplido.

LO QUE NO ERA, LO QUE NO FUI

Le molestaba que no fuera celoso,
era como si me faltara un brazo,
un ojo, una pierna. Algo para saber
que el amor es un grito en el vacío,
una bandada en un bosque en llamas.

Odiaba, sobre todo,
que me diera lo mismo
si la miraban o no, que pasara
semanas enteras sin preocuparme.

No había un motivo.
Confiaba.

«Los celos son un rezago
de nuestra bestialidad» -dije-
y ella me llamaba: «idiota»,
fruncía el ceño,
y daba la espalda con ese trasero
redondo como alfajor, hermoso.

Muchos años estuvimos juntos
e intentó hasta lo más ridículo.
No era un tipo celoso.
Seguro debía revisarme
porque algo andaba mal conmigo.

Se consiguió un novio celoso

y me besó una tarde que nos reencontramos.
Entonces sentí un brazo que cruzó
la ventana del carro y una mano
presionaba sobre mi cuello.
Era su novio troglodita
y ella gritaba como loca.

Le agarré el brazo
y subí la ventana del carro.
«¿Te gusta correr?»
Y aceleré muy despacio
mientras intentaba soltarse.
«Veo que sos fuerte», le dije
y aceleré cada vez más.
Así lo anduve un kilómetro
hasta que me cansé y subí
a 40 km/h, 45 km/h y el tipo ya no daba,
lo hice correr más y más rápido,
luego abrí la ventana
y lo vi rodar desde el espejo.

Puse la reversa. Ella lloraba.
«Te va a matar», decía una vez tras otra.

Estaba tirado sobre el polvo. Lleno de babas.
Le di dos patadas en su costado.

«¡¿Te gusta correr?!»
Lo golpee de nuevo.

Subí al carro.

Ese bastardo la había golpeado
unas noches atrás.
Sus ojos ahora brillaban. Pero nunca fui celoso.
Sabía que se acostaba casi con cualquiera
y me daba lo mismo. Sólo no me agradaba
que pusieran sus manos sucias sobre mí.
Tampoco verla con golpes de nadie.

Esa noche regresé a su casa.
Cogimos como nunca.
Tampoco me quedé.
No era su tipo.

Hoy aparece esa mujer
que me recuerda ese amor sincero.
Siento rabia porque se va a coger con otro.
Le gusta fastidiarme contándolo.

¡Qué tiempos aquellos
en los que uno podía ser un demente
y destruir el mundo sin remordimiento!
Estoy solo, con un vaso de vodka
y pienso que debí amar a esa mujer,
al menos no era yo el que sufría.

El amor es de quien sufre más.
Puede que digan lo contrario.
No saben de lo que hablan.

Ahora lo entiendo.

AMA DE LLAVES

Hay mujeres con manos de llaves
que prueban en todas las puertas.

Prueban en una,
prueban en otra,
hasta que alguna abre.

Entonces
toman la punta del hilo rojo
resguardado de manos menos delicadas.

Y desovillan,
y desovillan
y desovillan.

Esa mujer tenía un manojo de llaves;
las mostró orgullosa como un juego.
No quería ninguna puerta,
sólo poseer las llaves de cada una.

Y los ovillos de hilo.

De todas las puntas se hizo un abrigo grueso.
Rojo, como una gota de agua en el infierno.
Todos la mirábamos subirse a los buses,
leer en las plazoletas, en los bares,
y, esa mujer, era fantástica.

Sé, era imposible o improbable
desde un comienzo. Sin embargo.
Esa noche del bar, tomé la punta
del hilo de su abrigo carmesí,
lo encerré en mi puerta sin candados,
y empecé a tejer un ovillo dentro
que se mueve, palpita,
algo extraordinario.

Ya se verá desnuda y frágil,
como una hoja abatida por el viento,
entrará a mi casa, sin llaves.

Y no harán falta.

MATAR EL PAVO

Hagamos el fuego: Tiramos bombillos plásticos del guaro, periódicos, revistas porno ajadas, y el fuego se hizo. Sin pavo. Sin luces. Con disparos como fuegos artificiales.

A todos nos gustaría la carne fresca. El vino. Estar entre familia. Un pavo delicioso. Y una mujer o un hombre y nunca nosotros, que cogíamos para evitar el hielo. Las cobijas rotas y sucias. Incendiaríamos esta ciudad con toda su gente. Y el culo de los pavos con salsa chorrearía sobre la mesa.

Hemos visto demasiado para una misma vida.

Sacerdotes pedófilos con dinero para que drogadictos se las mamen. También policías hincados, borrachos, rodeados de jóvenes ladrones buscando sexo en las tinieblas. Putas cagando en la boca de pervertidos.

Ah, si sabremos nosotros lo que significa la noche.

Iglesias llenas.
Bares vacíos.

Hagamos el fuego, dijiste,
no comprendías que esta ciudad
arde desde hace tiempo.

RINOCERONTE BLANCO

¿Es que no te vas a levantar tampoco hoy?
¿Vas a quedarte ahí como un rinoceronte blanco,
echado, a la espera de una bala?

Respiré profundo, muy profundo.
como un buzo dispuesto a perderse
en la oscuridad de las heladas aguas.

Saqué fuerza y me asomé sin camisa
por la estrecha ventana del cuarto.

A lo lejos,
parpadeaba el sucio neón
del Hotel de Paso Paradise.

Desde ahí, se miraban
carros viejos y lujosos;
todos fornicamos
en menor o mayor medida.

Abajo,
entre los departamentos del suburbio,
un policía arremetía contra indigentes
que ensuciaban el parque del Alcalde
con sus cobijas, periódicos en llamas
y sus bombas de guaro contra el frío.

Y pensar que ya son escasos los periódicos,

las revistas Playboy, el contrabando del bueno.
Dentro de poco no tendrán nada para quemar,
excepto esta enorme y bulliciosa ciudad.

Me rasqué el trasero y fui en busca
de otra cerveza en el refrigerador.

Nada ha cambiado allá afuera.
Nada, aunque creo la lluvia es combustible
para los indigentes y las putas con ligueros.
Esta ciudad arderá en poco tiempo
o la prenderé con mis propias manos.

Tiene razón.

Me quedaré aquí.

Por esa bala perdida.

FAMILIAMERICANA

Luego, nos sentamos a mirar televisión. Algo del boxeo en ESPN y un poco más. No cae mal quedarse en silencio, pasando canales; un rato en uno, después el siguiente; en busca de nada.

Esto deben hacer todos.
Su sueño es un sofá grande.
Una televisión más grande.
Una conciencia pequeña.

Te diré algo que tal vez no te importe: He estado en casas con cabezas de osos, venados, todo animal curtido sobre una pared. He leído revistas viejas en El Erial, apiladas entre libros usados. Los vestidos se miran viejos, como sus carros y televisores. Siempre existieron tratamientos contra las arrugas, y ahora, se miran como lagartos.

El mundo
es
una
máquina
de demolición.

Los niños son como pequeñas bestias
que te arrancan la vida con una sonrisa.

¿Es cierto que nadie escapa; nadie sale ileso?

La Coca Cola ha vivido más que cualquiera de nosotros. El mundo debería ser una gran cooperativa. Así el trabajo sería justo. Las empresas te regresarían algo por tus años perdidos.

Ahora, estás dormida. Y llevo horas hablando conmigo. Mirándote, casi inocente. La televisión está llena de hormigas blancas y negras luchando feroces entre sí.

Tiene razón,
soy un idiota.
GRANDE.

Tampoco dejamos de ser una Familiamericana.

DÉJAME MORIR SOBRE LA PLAYA

Es necesario saber, amiga mía,
que los tiempos del amor
son tan distintos para ambos.

A tu corta edad, por ejemplo,
los errores más grandes,
son simples daños colaterales,
un giro y cambio de timón.

A la mía, es evitar el filo
del témpano de hielo,
el hundimiento previsto,
las señales del faro lejano
a las puertas de un desastre.

No lo esperaba;
aunque debí.

Cargo el corazón de un cachalote
herido por todos los arpones
de cazadores furtivos sobre el hielo.

Todos tenían inscrita la palabra amor
hasta que fui cauto y dejé de acercarme
a las costas limpias con aguas cálidas.

Con la punta más afilada
y nunca pudieron hundir
a este viejo corazón curtido
de cicatrices atadas por el fuego.

Y ya ves, amiga mía, previne todo,
menos los tiempos del amor tan evidentes.

No es necesario asombrarse,
amores perdidos como el nuestro
ya se han visto naufragar de peor manera.
Hoy sobre esa playa blanca
una enorme ballena rodeada de turistas
daba sus últimas bocanadas de aire.

Miro ese corazón enorme a punto de ceder
y es enevitable que piense en su último latido:

"Pobre amiga, también llegaste tarde,
has equivocado los tiempos del amor"
Tampoco hay que vestir la ilusión de rabia.

Ya cargarás tu maleta
con puntas de arpón,
trozos de redes de arrastre
y, entenderás de lo que hablo,
como siempre; demasiado tarde.

QUE LOS MUERDA EL AMOR

Que los muerda el acantilado del amor
antes de que sus ojos encerrados con la tarde
sean faros para los barcos pedidos.
Que se abalance sobre sí, con colmillos huecos
y perfore la carne con moscas blancas,
su caldo rojo se ensucie tras el beso;
otros heridos extiendan su amor incontenible.

Entren a las tiendas, muerdan a dependientes,
cajeros, transeúntes. Que se lance sobre sí
un tigre rabioso de nubes grises
y estalle de noche en una mancha negra
que no penetre un dardo blanco.

Conozco el aroma del amor, su virulento
espasmo en las ideas. Un ruido paralizante.
Impide alzar la voz, contrae el tórax, tus ojos
son borregos diezmados ante el cuchillo
y su beso es un camino de sangre espesa
en los dormitorios con pisos de mármol.
Que al irse perciban su ausencia
como falta una pierna, un brazo,
un ojo, una mano diestra amputada.

Que su sombra, su sentido de que aún está
no los abandone y busquen su caricia
desesperados, dementes, enfermos.

El amor es un virus incontenible.
Padézcanlo.
Difúndanlo
con
el
beso.

Que el amor sea peor que un tigre
y no lo vean venir entre su cielo
glorioso, difuso, compartido,
solo para que recuerden la herida
cuando los traicione. Y mueran.

Aún entre vivos hablantes. Mueran.
De manera irremediable. Como
mueren los dementes. Los que
aman con la carne expuesta
ante la voracidad de los perros.
Mueran.

Hasta que no olviden
que se vive de la desgracia.

HOMBRE QUE MIRA CON UN VASO DE WHISKY

Será que a fuerza de buscarte, sos siempre el paso siguiente que nunca alcanzo, nunca es. Y, cuando sea, es improbable que pueda reconocerte, como una transparencia que al estar demasiado cercana solo permite ver el camino.

Un aroma, quizá.
Una premonición.
Una utopía.

Muevo con el índice el hielo del vaso. La barra del bar se agita con amantes que entran y salen, como si nada y todo. Enamorarse del amor es el vacío, la angustia de estar solos y buscantes. Un paso y otro. Una sombra que reaparece.

Algo de todo esto tiene su certeza: A tres sillas de mí, un paraguas gotea, olvidado. En eso también nos parecemos.

OVILLO

Una noche llevé a una mujer del bar a ese cuartucho del apartamento, con un catre viejo y una radio Phillips de válvulas de caoba, de capilla, de baquelita para decoración. Aún funcionaba para oír las noticias. Estaba demasiado triste, demasiado ebrio. Recuerdo eso; su nombre no. Tenía manos bonitas. Sacó un ovillo de lana de mi pecho, lleno de sangre y tripas mojadas en cerveza. Tejió lo más parecido a un músculo que bombea oxígeno a una relación deshecha y enferma como la nuestra. Lo besó y saqué esa tripa sucia que palpitaba en su pecho y la tiré al gato con asco.

Cogimos
Tomamos.
Bebimos.
Fue todo.

Luego ató un lado del hilo rojo alrededor de su dedo anular y lo cortó con los dientes a la vuelta de la esquina. Ese era el trato. Aunque nadie más lo apruebe o comprenda.

TEAS DE HIERRO AMARILLO

Una nube de fuego enorme elevada a lo más alto de la ceguera. Después, la niebla. Perros deformes, vacas de diésel sobre el asfalto; los animales parieron hijos monstruosos, carnes incomibles. El sueño americano no se divide: es uno para los Hibakusha.

Otros jóvenes nada recuerdan: Fotos a blanco y negro. Estilizadas figuras. Sombras. Luego la industrialización. El desarrollo armamentista. Un río de peces muertos. La peste del hombre sobre la naturaleza.

El rencor.

Algún día otros tendrán las armas: Pequeñas teas de hierro amarillo rondarán las calles Nueva York en hongos luminosos.

Eso es lo lamentable.

1492/6

Lo que me gusta del verano es el sonido de mar sobre la arena que parece traer el murmullo de todas las ciudades marinas, ese tren que maúlla sobre los rieles y nos habla del tiempo que somos.

Lo que me gusta de la ciudad también es el mar, el sonido del mar, como los peces se prenden de los postes del tendido eléctrico y las gaviotas duermen apenas arrulladas en sus propias alas, negadas al vuelo, dibujándonos con desgano desde sus riscos.

Lo que me gusta de esa mujer
es exactamente lo mismo.

HÉCTOR VIEL TEMPERLEY

En compañía del poeta argentino, Héctor Viel Temperley. Me narra su poesía completa, bebe una cerveza. ¿A qué viene Héctor Viel a casa? ¿Para tomarse la cerveza y hablar de cómo deja de llover? No lo quiero en casa. Siempre bebido o invitándote a la bebida. Tratalo de lejos, como él quiere, igual que un barco apestado. Viene con un cuchillo en mano, los ojos en vidrios húmedos, con vapores limpios de la cebolla. Insiste en que se largue de una vez. Nada de cerveza. Nada de sus libros. Tipos holgazanes que beben de la ubre de su madre y de mujeres como su madre. Dejo la Obra Completa de Viel sobre el escritorio. También quiere que deje de escribir. De perder el tiempo en un oficio sin salario ni seguro social. Con ese libro cerrado, sé que no habrá más poemas. Dentro tiene una dedicatoria del editor Quintanilla: "Este libro pertenece a Randall Roque, que ama la poesía y quiere vivir en ella". No sé qué quiso decir. Estoy solo en casa. Héctor Viel Temperley ha muerto.

ACERCA DEL AUTOR

Randall Roque, escritor costarricense. Ha publicado los siguientes libros: "Cuando las luciérnagas hablan" (Cuentos, 1998), "Itinerario de los amantes" (Poesía, 2003), "Amores domésticos" (Fotopoemas, 2009), "Estrellas de madera" (CD: poemas italiano-español, 2007 con música electrónica, flamenco y blues), "Las Lunas del Ramadán y otras alegorías" (Libro heterogéneo: cuento, poesía, fábula, entre otros, 2011), "Los alegres somos más" (selección poética 2003-2012), "Alguien llama a tu puerta" (Cuento, 2014), "Isla Pop" (Poesía ilustrada por el pintor Carlos Tapia. Ediciones REA, 2015), Contracultura (Summa. Perú, 2017), Desplazados y Adictos (Ediciones Juglar, España, 2020).

Primer Lugar en el Premio Internazionale di Poesia Castello di Duino, 2007, reconocido por la UNESCO, la Presidencia de la República de Italia y otorgado por el Príncipe Carlo Alessandro Della Torre e Tasso en el Castillo de Duino donde el poeta Rainer María Rilke escribió varias de sus obras.

En el 2017, participó en el marco del Festival Internacional Primavera Poética de Poesía de Perú, donde recibió una medalla y publicación de su libro "Contracultura".

En el 2019, participó en el V Encuentro Internacional de Escritores en el Bío Bío, Chile (Entre Culturas).

Su trabajo poético puede hallarse en antologías, entre las que podemos mencionar: "Il gesto della Memoria, 2005" y

"Frontiere, 2007", ambas de Italia; "Festivali Ndër-kombëtar i Poezisë "DITËT E NAI-MIT" Edicioni XVII, publicada en Macedonia 2013; "Variaciones de la voz - Una muestra de poesía latinoamericana contemporánea, 2015" publicada en Argentina (Revista Gramma Vol 26, No 54 (2015) - Instituto de Investigaciones Literarias y Lingüísticas de la Escuela de Letras, Facultad de Filosofía y Letras, Universidad del Salvador, Ciudad Autónoma de Buenos Aires, Argentina), "Voces del vino" - 1er Lugar International Latino Book Awards – Multi Author (Books & Smith, NY) y el la Antología Costarricense "Otras Voces" del escritor Víctor Hugo Fernández. También se encuentran trabajos en la Revista Electrónica Círculo de Poesía.

ÍNDICE

EL DIABLO VUELVE A CASA

Arderás con el mundo o sin él

Familiamericana

Colección
SOBREVIVO
Poesía social
(Homenaje a Claribel Alegría)

1
#@nicaragüita
María Palitachi

***

Colección
CRUZANDO EL AGUA
Poesía traducida al español
(Homenaje a Sylvia Plath)

1
*The moon in the cusp of my hand /
La luna en la cúspide de mi mano*
Lola Koundakjian

Colección
MUNDO DEL REVÉS
Poesía infantil
(Homenaje a María Elena Walsh)

1
Amor completo como un esqueleto
Minor Arias Uva

2
Del libro de cuentos inventados por mamá
La joven ombú
Marisa Russo

***

Colección
MEMORIA DE LA FIEBRE
Poesía de género y epistemología
(Homenaje a Carilda Oliver Labra)

Colección
LOS PATIOS DEL TIGRE
Nuevas raíces – Nuevos maestros
(Homenaje a Miguel Ángel Bustos)

1
Fragmentos Fantásticos
Miguel Ángel Bustos

2
En este asombro, en este llueve
Antología poética 1983-2016
Hugo Mujica

3
Bostezo de mosca azul
Álvaro Miranda

Colección
PARED CONTIGUA
Poesía española
(Homenaje a María Victoria Atencia)

1
La orilla libre / The Free Shore
Pedro Larrea

2
No eres nadie hasta que te disparan /
You are nobody until you get shot
Rafael Soler

Para los que piensan como Emil Cio-
rán: *"El deseo de morir era mi única preo-
cupación; a él he sacrificado todo, incluso la
muerte"* (*All Gall Is Divided (1952),* este
libro se terminó de imprimir en el
mes de febrero de 2020 en los Esta-
dos Unidos de América.

www.ingramcontent.com/pod-product-compliance
Lightning Source LLC
Chambersburg PA
CBHW022034090426
42741CB00007B/1061